AF403335

OBSERVATIONS

SUR

LA FACULTÉ DE TESTER,

ET SUR LA SUCCESSION

DES PROPRES DE LIGNE;

PUBLIÉES

Par M. GARNIER DESCHESNES,
ancien Notaire.

A PARIS,

De l'Imprimerie de DU PONT, Député de Nemours
à l'Assemblée Nationale, hôtel de Bretonvilliers,
Isle Saint-Louis.

1791.

OBSERVATIONS

SUR

LA FACULTÉ DE TESTER,

ET

SUR LA SUCCESSION

DES PROPRES DE LIGNE.

L'ASSEMBLÉE NATIONALE a déjà décrété l'égalité de partage dans les successions *ab intestat*, sans aucune distinction de sexe, ni d'aînesse ; il lui reste à statuer sur la faculté de tester et sur la succession aux propres de ligne.

La première de ces deux questions a été discutée dans la tribune ; on y a lu l'opinion qu'avait écrite peu avant de mourir, l'homme célèbre qu'elle vient de perdre ; on y a entendu celle de quelques orateurs, et notamment de M. *Tronchet*, dont le savoir et la droiture inspirent également la confiance dans tous les partis ; et l'Assemblée Nationale jugeant sans doute que cette question importante exigeait encore de profondes méditations, l'a ajournée indéfiniment.

Quant à la question des propres de ligne, elle n'a point encore été agitée; et l'Assemblée n'a rien préjugé à cet égard, puisqu'en décrétant que *tous héritiers en égal degré succéderont par portions égales aux biens qui leur sont déférés par la loi*, elle n'a point dérogé aux loix coutumières qui défèrent la succession de certaines natures de biens aux parens de la ligne d'où ces biens sont provenus, quoiqu'ils ne soient pas toujours les plus proches parens du défunt.

Puisque donc ces deux questions sont encore entières, et que l'Assemblée Nationale, en ajournant la première et en gardant le silence sur la seconde, les a laissées soumises aux réflexions du public, j'ai cru devoir publier celles que m'a fait naître l'examen approfondi de cette matière, qui sous le rapport civil a fait l'occupation de trente - cinq ans de ma vie, et qui sous le rapport politique a été depuis long-tems l'objet de mes méditations.

Je commencerai par la question des propres, qui se rattache naturellement la première au décret sur les successions *ab intestat*; je passerai ensuite à la faculté de tester tant en ligne directe, qu'en collatérale; mais avant tout, je rappellerai quelques principes sur le

droit de propriété, qui s'applique nécessairement à l'une et à l'autre question, et sur lequel il me semble qu'on ne s'est pas encore
bien clairement entendu dans ce qui a été
dit et écrit à ce sujet.

Les ressources de l'art oratoire sont inutiles
et seraient peut-être déplacées dans une discussion du genre de celle-ci, où il ne s'agit
que de chercher froidement un point d'utilité
générale pour les citoyens, sans un rapport
bien direct des citoyens à l'Etat.

Lorsque sur les grands objets politiques,
l'avantage général, auquel doivent tendre toutes
les loix, se trouve contrarié par les passions
de quelques-uns, et qu'il s'agit de le faire pré-
valoir dans une assemblée libre où ces passions doivent être aussi en liberté, il est bon,
il est même indispensable d'employer cette arme
puissante de la parole, tantôt salutaire, tantôt
dangereuse, qui peut également servir ou
nuire à la vérité; c'est là que des hommes
exercés à ce genre de lutte, doivent déployer
la force ou l'adresse du discours, et que des
hommes accoutumés dans le tumulte de ces
combats, à démêler les intentions secrettes
des orateurs, peuvent se préserver des pres-
tiges de l'éloquence, et savent s'attacher uniquement à la saine raison, vers laquelle les

A. 3

bons esprits ne sont jamais plus fortement attirés que lorsque la fermentation des passions humaines les a, pour ainsi dire, amenées à un état de dissolution complette.

On conçoit que la puissance oratoire est nécessaire pour démasquer les tyrans, déconcerter les mesures de leurs complices, tirer un peuple de sa léthargie, enflâmmer son courage, ouvrir ses yeux à la lumière de la raison, lui rendre le sentiment de la liberté étouffé par la corruption d'une longue servitude, lui inspirer l'horreur de la licence, le plier sous le joug de la loi, et extirper les vieux abus qu'on ne réforme jamais.

Mais lorsque *les droits de la nature sont enfin reconnus*, que la liberté renaît dans l'empire, et que sur un point du droit civil, qui doit régler à qui passera la propriété des citoyens après leur mort, il s'agit de trouver ce qui convient le mieux au bonheur de tous, et quel rapport la loi doit avoir avec l'utilité publique, c'est dans le silence de la réflexion, dans le souvenir des choses passées, et dans la prévoyance de l'avenir qu'il faut faire cette recherche importante ; l'appareil de l'éloquence doit être écarté d'une telle discussion, et l'esprit ne doit embrasser que la vérité nue, qui, en morale comme en législation, con-

siste uniquement dans la conformité avec le
vœu de la nature.

CONSIDÉRATIONS GÉNÉRALES

sur le Droit de Propriété.

La nature, sans doute, n'a point établi
distinctement le droit de propriété parmi les
hommes, elle les a placés sur le globe de la
terre sans leur en faire le partage, elle leur
en a donné la jouissance indivise, ou plutôt
elle les a simplement pourvus des facultés de
force et d'intelligence nécessaires pour se
l'approprier et en tirer leur subsistance.

Mais ce serait une erreur de croire que le
droit de propriété est une pure invention de
l'ordre social, et n'est pas véritablement fondé
sur la nature; ce droit est évidemment une
suite, une condition nécessaire de son vœu;
car ayant tout fait sur la terre pour le seul
être libre et raisonnable qu'elle y a placé,
l'ayant destiné à une multiplication indéfinie
qui exige une subsistance abondante et certaine, ayant fait par-tout dépendre cette subsistance du travail de la culture, et ce travail
exigeant toujours des combinaisons, des
épreuves et des préparatifs soumis à de lon-
gues attentes, il est clair que la propriété

A 4

continuée et durable, est une condition essentielle de la culture, qui sans elle ne pourrait pas produire son effet.

Que dans l'origine la propriété n'ait eu pour titre que le fait de l'occupation et de la culture, cela est évident, puisque le sol qu'un homme a le premier cultivé, n'appartenant alors à aucun autre plutôt qu'à lui, nul n'avait droit d'empêcher qu'il ne l'occupât, pas plus qu'il n'avait droit d'empêcher qu'un autre ne cultivât le sol voisin. Mais sa propriété exclusive de ce sol par lui cultivé, n'est point un pur effet de la convention sociale, elle dérive de la nature même qui veut que l'homme subsiste, que la culture se fasse, et qui en a fait dépendre le succès d'une suite méditée de travaux permanens.

En disant donc, comme ont fait quelques Publicistes, que le droit de propriété n'est fondé que sur la loi, on fait un véritable parallogisme; veut-on dire par-là, qu'avant la loi, le droit de propriété n'existait pas, et qu'il n'existerait pas sans elle? Mais la loi qui n'est autre chose que la déclaration de la volonté générale, laquelle ne peut vouloir que ce qui est avantageux à tous, est elle-même fondée sur un ordre d'équité qui existe avant elle, et qu'elle ne fait qu'appercevoir

et consacrer. Puisque donc la volonté générale a fait de la propriété un droit, il s'ensuit
que la propriété exitait déja et était une chose
juste.

Et en effet, pourquoi celui qui possédait
un champ n'en aurait-il pas eu la propriété
exclusive, par cela même qu'il en était en
possession et qu'il le cultivait ; et comment
concevoir qu'un autre aurait pu justement le
lui ravir, même dans l'état de nature ? Le ra-
visseur aurait - il trouvé juste qu'un autre
pût à son tour le lui ravir à lui-même pour
rester ensuite exposé à une pareille usurpa-
tion ? Le but de la nature n'aurait - il pas été
sans cesse contrarié par ce cercle vicieux,
inconciliable avec la subsistance de l'homme ?
Le sentiment de réciprocité qui nous avertit
à tout moment de ne pas faire aux autres ce
que nous ne voulons pas qu'ils nous fassent,
n'est-il pas une loi de la nature ? La loi hu-
maine qui a défendu de prendre la propriété
d'autrui, est-elle autre chose que la déclaration et la sanction de cette loi naturelle ? et
cet état hostile dans lequel le plus fort pourrait faire le mal qu'il éprouverait à son tour
d'un plus fort que lui, loin d'être l'état de
nature , ne serait-il pas au contraire le ren-
versement de l'ordre naturel ?

Veut-on dire que la propriété n'a été érigée en droit légitime que par la loi sociale? Cela ne signifie autre chose, si ce n'est que la loi seule a garanti la propriété de chacun contre la violence d'autrui. Mais il en est de même de tous les autres droits naturels; les loix seules en garantissent aux hommes la conservation; car la nature n'a point établi cette garantie, elle n'a pas fait tous les hommes également forts, elle n'a pas donné à tous les mêmes facultés d'intelligence et de courage; en laissant à chacun l'usage indéfini de ses forces et de sa volonté libre, elle l'a soumis à la force plus grande et à la volonté contraire de quiconque entreprend de l'opprimer; mais elle a aussi doué l'homme d'une sensibilité qui le fait entrer en partage de la douleur ou du plaisir de son semblable; elle lui a donné une intelligence qui lui fait appercevoir le bien et le mal, le juste et l'injuste, et lui sert à réparer par la réunion de l'intelligence ou des forces de plusieurs, le dérangement qui survient dans l'ordre de l'équité naturelle, quand les passions ou la puissance de quelques-uns les ont dénaturés au point de leur faire perdre cette faculté de compâtir, qui fait la base de la justice, et de ne leur faire trouver le bonheur que dans ce qui nuit aux autres.

La nature a fait les hommes indépendans entre eux, mais elle les a mis pour leur bonheur, dans des rapports mutuels de besoins et de sentimens qui font dépendre leur existence, leurs jouissances et leur sûreté de celles de leurs pareils. C'est cette dépendance mutuelle, cette réciprocité qui est le fondement de tous les droits, de tous les devoirs, de toute morale et de toute vertu parmi les hommes ; c'est de-là que dérivent toutes les idées d'ordre et de justice ; mais cet ordre, cette justice n'ont point été mis par la nature à l'abri des atteintes de la dépravation du cœur humain, ni de la violence du plus fort, ni des abus de la raison, instrument du mal comme du bien, qui aggrandit les jouissances et multiplie les besoins, qui étend les idées et fournit l'aliment aux passions, qui rend un homme si supérieur à un autre homme et lui donne des moyens pour l'opprimer ; les loix seules peuvent produire cet effet salutaire, elles mettent un frein à la tyrannie des hommes puissans, elles protègent les faibles, repriment la violence et punissent les forfaits. Il ne s'ensuit pas de-là que la liberté civile, la sûreté des personnes, et tout ce qui constitue l'ordre de choses à l'abri duquel les hommes vivent entre eux, ne soient pas d'institution de la nature; il s'ensuit seulement que cette institution naturelle a été sentie par les Législateurs, et qu'ils l'ont étayée de l'autorité des loix et de la force du gouvernement.

Ainsi, pour revenir au droit de propriété, chaque individu qui a le premier cultivé un terrein, est demeuré exposé, suivant l'état de nature à en être chassé par un plus fort que lui, qui a pu également en être chassé par un plus fort encore; et si les choses étaient restées dans cet état périlleux, personne n'aurait pu, ni voulu, se livrer aux travaux, aux combinaisons et aux prévoyances que la culture exige pour atteindre au but de la nature, qui est toujours la subsistance assurée des humains.

Qu'a donc fait la loi sociale? Elle a reglé que chacun resterait propriétaire du terrein dont il était en possession; cela ne signifie pas qu'elle lui a conféré cette propriété, mais qu'elle la lui a assurée contre les usurpations; d'où il suit évidemment que ce n'est point la loi qui a fondé la propriété, mais qu'elle a seulement garanti une propriété préexistante; qu'elle a érigé en droit positif, appuyé de la force publique une chose qui était équitable et conforme à l'ordre naturel; que son intention, comme son effet, n'est que d'exclure chaque citoyen de la propriété d'autrui ; ce qui suppose que l'autrui est propriétaire indépendamment de la loi sociale, et que tout ce qu'elle fait, se borne à préserver de l'action injuste du plus fort, la propriété qui y était restée exposée dans l'état de nature.

Aussi l'Assemblée Nationale a-t-elle mis la propriété individuelle de chaque citoyen au nombre des droits naturels et imprescriptibles de l'homme : c'est-à-dire de ceux qui sont antérieurs à la loi civile, dont elle doit seulement assurer la conservation, et qu'elle ne peut restreindre pour chacun qu'autant qu'il est nécessaire pour qu'ils se concilient avec ceux de tous. Si elle n'a pas mis au rang de ces droits inviolables les distinctions, l'autorité et la puissance d'un homme sur un autre, si elle a même proscrit ces sortes de droits, que des institutions vicieuses ou des usages abusifs avaient introduits dans la société, et qu'on s'était accoutumé à regarder comme une propriété héréditaire et vénale, c'est que non-seulement ces droits n'avaient point leur source dans la nature, mais qu'ils en contrariaient le vœu ; que le pouvoir ne peut dériver que de la convention sociale, n'a pour but que l'ordre public qui n'est autre chose que la conformité avec l'équité naturelle, et ne peut par conséquent appartenir qu'à ceux à qui la société entière l'a délégué pour en faire cet usage salutaire : ce qui exclut, comme on voit, toute idée de propriété, de prescription et de transmission par droit de naissance ou à prix d'argent.

Cela posé, et la propriété individuelle étant un des droits de l'homme, conforme au vœu de la nature, il ne s'agit plus que de voir ce que la convention sociale doit mettre de restriction à ce droit pour le concilier avec l'ordre général ; car la propriété, ainsi que les autres droits naturels ne peuvent recevoir d'autres limites, que celles qui sont indispensables pour que la société n'en souffre pas.

On sent que ces limites ne peuvent pas consister à empêcher que l'un n'ait pas plus de propriété que l'autre. Non-seulement il serait absurde de vouloir ainsi déterminer la propriété de chacun, ce qui ne pourrait se faire qu'en violant celle de tous par la privation du droit naturel qu'ils ont d'acquérir, de changer, d'augmenter ou d'aliéner leur propre chose ; non-seulement les partages nécessaires dans les familles plus ou moins nombreuses, et l'anéantissement de celles qui s'éteignent, dérangeraient à chaque instant cette égalité vainement recherchée, mais il serait injuste de ne pas laisser les faveurs de la fortune ou la peine de la pauvreté attachées au travail ou à la paresse, à l'industrie ou à la négligence de chacun, puisque c'est aussi une loi de la nature ; un tel état de choses serait le désordre le plus impolitique, car il irait directement contre son but, faute de pouvoir se concilier avec l'ambition, les prévoyances et les soins qu'exige la culture, pour la subsistance des hommes.

Les loix sont vicieuses, sans doute, lorsqu'elles favorisent par leurs institutions les moyens d'accumuler les propriétés dans les mêmes mains, parce que de cette accumulation résulte la trop grande inégalité de richesse qui produit l'excès de puissance dans quelques-uns, l'excès de faiblesse dans un grand nombre d'autres, la corruption des deux parts, et une situation également périlleuse pour tous. Mais que, les loix ne faisant rien pour produire par art l'inégalité dans les fortunes, cette inégalité arrive par la combinaison naturelle des moyens inégaux d'industrie ou de travail de chacun, ou par l'effet des transactions libres qui se font entre les citoyens, il n'y a dans tout cela rien que de conforme à la nature des choses, ni qui puisse être reproché à la loi.

Je n'ai considéré jusqu'ici la propriété que sous le rapport du droit que les hommes y ont tant qu'ils vivent ; mais ce droit naturel, ils le perdent comme tous les autres droits de la nature, quand ils cessent d'exister. Il faut examiner à qui il convient que la loi décide que cette propriété appartiendra après eux ; car les hommes qui meurent sont remplacés par les hommes qui restent, le genre humain ne meurt pas ; la propriété de l'individu qui meurt ne périssant point avec lui, doit se transmettre à d'autres individus qui lui survivent.

Si la nature a encore indiqué sur cela un vœu, les loix pour être justes doivent s'y conformer ; or, la culture dont elle a fait une condition de la subsistance de l'homme, étant subordonnée à une suite de travaux dont le succès est sujet à être dévancé par sa mort, il est évident que puisque ce n'est pas toujours pour soi que l'homme travaille, il est dans l'intention de la nature que l'affection dont elle l'a doué pour ceux qui doivent lui survivre, produise le même effet que s'il travaillait pour lui, afin que ses soins et sa prévoyance ne soient jamais ralentis. Elle lui a inspiré une tendre affection pour ses enfans, et ce sentiment qu'elle a aussi donné aux brutes, pendant tout le tems que les petits ont besoin de leurs mères, est supérieur chez lui en durée et en intensité, de toutes les différences qui existent

entre

entre l'être libre, pensant et prévoyant qu'elle a destiné à l'empire de la terre, à une longue vie, à une grande perfectibilité, à toutes les jouissances, et des êtres qu'elle a bornés dans leur courte existence aux opérations circonscrites du pur instinct; d'où il suit que la propriété individuelle de l'homme est naturellement la propriété de ses descendans après lui, que c'est pour eux autant que pour soi qu'il l'affectionne et la cultive, et que les loix contrarieraient la nature, si elles empêchaient que cette propriété ne fût à eux quand il meurt.

A défaut de postérité, il est encore dans la nature que l'homme affectionne ses parens; les enfans de son frere, de sa sœur; les autres individus issus de ses ancétres, lui sont chers comme lui seraient ses propres enfans, s'il en avait. Ce lien de parenté, effet des tendres souvenirs de sa jeunesse et de la pente de l'habitude, est un des points les plus attachans de l'existence, et est peut-être le germe de toutes les liaisons sociales; il est donc aussi dans l'ordre naturel que la propriété de celui qui meurt sans enfans, passe à ses parens collatéraux, et qu'il aime à songer que ce sera pour eux qu'il l'aura conservée et soignée.

D'ailleurs, à qui passerait donc la propriété des individus qui cessent d'exister? Deviendrait-

B

elle commune à la société entière ? Serait-elle
la proie du premier occupant ? Et un tel état
de choses ne pouvant se concilier, ni avec la
culture, ni avec l'ordre social, à qui la société
attribuerait-elle cette propriété vacante ? Quel
serait le sort de ceux qui auraient ainsi perdu
tout-à-la-fois leurs parens et leurs moyens de
subsister ? Ne faut-il pas qu'ils subsistent comme
leurs parens subsistaient et les faisaient subsister
eux-mêmes ? Car chaque famille, ainsi que la
société entière, est un tout dont les parties
s'anéantissent et se renouvellent, mais qui
existe toujours. Enfin il est dans l'ordre de la
nature que les enfans, par un juste retour des
soins qu'ils ont reçus de leurs parens dans leur
jeunesse, les aident dans leurs travaux aussitôt
qu'ils en ont la force, et qu'ils soient assurés
de recueillir à leur tour le fruit de cette collaboration, pour le transmettre à une race nouvelle, de qui ils éprouveront le même sort.
Aussi semble-t-on ne suivre qu'une inspiration
toute naturelle, quand on dit que le père et
les enfans ne font qu'un, et que leur succession
à son patrimoine est moins une nouvelle possession qu'une continuation de propriété.

Les mêmes idées s'appliquent aux parens
collatéraux qui sont les descendans plus éloignés d'un père commun ; leur droit de succéder

à la propriété de celui qui meurt sans postérité, est une imitation du droit des enfans à la succession de leur père.

Mais cette transmission de la propriété des hommes après eux, ne peut s'opérer, comme on le sent, que par l'appui des loix; elles seules sont capables d'autoriser et de protéger un changement de possession auquel les morts ne peuvent concourir, et dont en mourant ils ont seulement emporté avec eux la pensée.

Elles n'ont eu presque rien à faire pour la succession des enfans aux biens de leurs pères; celles qui ont rétabli entre eux l'égalité de partage que les institutions barbares des vieux siècles avaient violée, n'ont fait que se rapprocher du vœu impartial de la nature, qui, en faisant naître plusieurs enfans d'un même père, n'a pas voulu que l'amour qu'elle a mis dans son cœur pour sa descendance, fût une idolâtrie pour les uns, et se changeât en indifférence pour les autres, ou fût surmonté par des vues désordonnées de préférence et d'orgueil.

Il n'en est pas de même des successions collatérales; la diversité des branches ou des degrés de parenté a dû y faire naître des différences dans la règle de transmission des biens; et cette sorte de succession n'ayant pas tout-à-fait les mêmes indications de la nature que celle des descendans, les loix ont pu, sans blesser les droits naturels des individus, y mêler des considérations d'utilité publique, soit pour empêcher la trop grande accumulation des biens, soit pour les conserver dans chaque famille sans mélange avec d'autres.

Ce cas est un de ceux où les loix songent plus à la société qu'au citoyen ; aussi trouve-t-on dans la législation des anciens peuples, le but politique souvent mêlé à la théorie des loix pour les successions ; et dans les coutumes de France, qu'on ne peut guères appeller du nom de législation, ni politique, ni civile, on voit aisément que leurs dispositions si variées et si bizarres ont leur source dans les mœurs particulières des différentes hordes de barbares qui ont successivement envahi et partagé le beau pays des Gaules ; mais puisque des mœurs sauvages et un gouvernement arbitraire avaient ainsi influé sur ce genre de loix, il est évident que d'autres mœurs et une constitution légale doivent y avoir aussi leur influence nouvelle.

Enfin la faculté de tester, qui n'est autre chose que de désigner celui à qui nous desirons que nos biens appartiennent après notre mort, ne peut évidemment dériver que des loix civiles, car on ne voit aucun motif pour la fonder sur la nature.

Si le droit de propriété, la liberté qui ne peut en être séparée, et l'équité naturelle qui en est le principe, entraînent nécessairement la faculté de faire de son bien tout ce qu'on veut pendant sa vie, si l'on peut par-tout le vendre, l'échanger, le donner, c'est que celui qui agit ainsi se prive de sa propriété pour un équivalent, qu'il la transmet réellement à quelqu'un, soit pour acquérir une autre chose, soit pour remplir un but d'affection ; qu'il est en état de veiller à l'exécution de son pacte, et qu'il jouit ainsi de l'avantage qu'il s'en était promis. Au lieu que celui qui désigne par son testament quelqu'un pour lui succéder, ne se prive de rien, ne dispose pas proprement de sa chose, ne fait qu'annoncer un vœu pour qu'elle passe à un autre, dans le tems où elle ne sera plus à lui, ne la livre effectivement à personne, n'en retire et ne saurait en retirer aucun équivalent, et n'est jamais à portée de faire exécuter ce vœu solitaire ; d'où il suit qu'aucun droit naturel, aucune indication de la nature ne peuvent servir de fondement à une telle faculté ; qu'elle ne peut être qu'une concession de la loi, qui seule est capable de lui faire produire son effet ; et que conséquemment la loi peut et pourra toujours la refuser ou l'accorder, et y mettre des bornes ou des conditions appropriées à l'utilité publique. C'est le véritable cas où les loix doivent moins s'occuper des individus que de l'état , et peuvent ne considérer l'homme que comme citoyen , quand pour ce qui dérive des droits naturels , elles ne doivent jamais oublier qu'un citoyen est un homme.

TITRE PREMIER.

Succession des Propres de ligne.

LA plûpart des coutumes de France ont fait dans les successions collatérales la distinction des biens propres, et ont déféré aux parens du défunt des diverses lignes de leur origine commune avec lui , les héritages qui lui étaient provenus par succession de la ligne par laquelle ils étaient ses parens , quoiqu'ils ne soient pas toujours ses parens les plus proches. Il y a sur ce point, comme en beaucoup d'autres , une infinie variété dans les coutumes, soit sur la sorte de parenté requise pour succéder aux propres des diverses lignes , soit sur la représentation que les unes ont admise à l'infini , et que les autres ont plus ou moins bornée.

Dans les pays de droit écrit, cette considération de propres est inconnue ; les plus proches parens y succèdent indistinctement à tous les biens laissés par le défunt.

Si l'Assemblée Nationale se propose d'établir sur cela une loi uniforme dans tout le royaume, ce qui est sans doute fort à desirer, je crois que la plus convenable serait celle qui, en admettant les plus proches parens à la succession des meubles et acquets avec le droit de représentation pour les enfans des frères et sœurs seulement, déférerait distinctement aux plus proches parens de chaque ligne, les immeubles corporels provenus de la ligne de leur parenté avec le défunt, quand même il y aurait d'autres parens plus prochains ; pourvû toutefois que ces parens de ligne ne fussent pas au-delà du sixième degré de parenté avec le défunt, suivant la supputation du droit civil, c'est-à-dire, qu'ils fussent au moins ses cousins issus de germain, et qu'eux et lui fussent descendus du même propriétaire ancien de l'héritage.

Voici les motifs de mon opinion.

1°. En attribuant les propres aux parens de la ligne d'où ils sont provenus, on ne fait autre chose que de remettre dans chaque famille ce qui devait naturellement y rester ; on y entretient l'attachement naturel et raisonnable pour la propriété de ses ancètres ; on

console celui à qui la nature a refusé la dou-
ceur d'être père, en lui montrant que ce qu'il
a reçu des siens retournera à la même source;
on favorise les affections que produit dans les
hommes le souvenir de leur origine, et l'on
restitue à ceux dont les ayeux ont eu une propriété foncière, et qui en sont peut-être privés
aujourd'hui, les avantages civils attachés à
cette qualité de propriétaire; car si d'un côté
il n'est pas nécessaire, et s'il est peut-être
dangereux sous le rapport social que des citoyens aient une propriété très-grande, il faut
convenir que le droit de citoyen et l'intérêt
qui attache les hommes aux loix ont leur base
dans la propriété, et qu'il est conséquemment
de la bonne politique de faire qu'ils mettent
de l'importance à en avoir une, et de leur en
multiplier l'occasion.

2°. Quoiqu'il puisse arriver que cette distinction des propres opère dans quelques cas
particuliers l'augmentation de propriété dans
une famille où il s'en trouvera déjà beaucoup,
il est certain que la division entre les lignes
est en elle-même très-bien adaptée aux vues
politiques qui tendent à empêcher la concentration des richesses sans blesser les droits naturels de personne. Cette division rentre dans
le principe qui a fait rétablir l'égalité de par-

tage entre les héritiers, puisqu'elle opère le même effet que si les chefs de ces lignes, c'est-à-dire les frères et sœurs du premier enfant de l'ayeul commun, partageaient également les biens qu'il a laissés en mourant, au lieu que les accidens de mort qui ont supprimé les intermédiaires opéreraient l'effet contraire, si l'on faisait passer dans une branche les biens provenus d'une autre.

3°. C'est bien assez déjà que l'inadmissibilité de la représentation infinie en collatérale ait fait dépendre des hazards de la mort la destinée des parens qui héritent, ou n'héritent pas, des meubles et acquêts, suivant que leur père est prédécédé ou a survécu d'un jour, sans qu'il faille encore qu'une famille entière soit privée d'une ancienne propriété, qu'un jour plutôt elle aurait recueillie, et voie passer cette propriété à une famille étrangère qui, la veille, n'y aurait eu aucun droit.

4°. En bornant la distinction des propres de ligne à six dégrés de parenté, on évite l'inconvénient d'une trop longue recherche de la nature des biens ; car six dégrés ne supposent que trois générations, et un espace de tems moindre d'un siècle, passé lequel les souvenirs de l'origine d'une propriété sont bien affaiblies ;

sortent de la mesure des espérances et doivent être négligés par les loix.

5°. La loi proposée se trouverait, à peu de chose près, en rapport avec les usages des pays coutumiers ; elle y ferait cesser, par sa règle uniforme, une infinité d'occasions de difficultés et de procès, et elle n'aurait rien qui contrariât d'une manière désagréable les habitudes du pays de droit écrit.

Je crois aussi qu'il conviendrait de statuer qu'il ne pourra y avoir de *propres de ligne* que les immeubles réels ; qu'on n'attribuera point cette qualité aux rentes, ni aux autres droits incorporels : si ce n'est aux droits ci-devant féodaux, quand ils sont attachés à une propriété foncière, et que sous la dénomination générale de *propres*, on comprendra tous les immeubles réels et fictifs que le défunt aura recueillis soit par succession, soit par donation entre-vifs ou testamentaire d'un de ses parens ; car il doit être égal aux yeux de la loi par quel titre un bien a été transmis à celui qui le laisse dans sa succession, pourvû que cette transmission lui ait été faite gratuitement par quelqu'un de sa famille ; et il est convenable, quand une loi se fait, qu'elle ne laisse point aux hommes le moyen d'en changer l'effet par de simples mots.

TITRE SECOND.

De la faculté de disposer à titre gratuit.

Première Section.

De ceux qui ont des enfans ou des ascendans.

Le droit des enfans, de succéder à la propriété du père, étant fondé sur le vœu de la nature, il semble que les loix ne devraient jamais ni supposer qu'il pût avoir un vœu contraire, ni y donner les mains quand il l'aurait. C'est ainsi que l'avait pensé l'un des plus sages Législateurs de la Grèce. Ceux de l'ancienne Rome, à l'époque des Décemvirs, moins attentifs aux affections naturelles qu'à l'importance du pouvoir paternel, lié avec leur politique guerrière, avaient pensé différemment. Les dernières loix romaines et celles de France, n'ont, ni refusé, ni donné indéfiniment aux ascendans la faculté testamentaire ; elles l'ont limitée, en accordant le droit de légitime aux enfans, et elles ont ainsi voulu concilier la nature avec la politique.

Il y a sans doute des considérations politiques qui doivent entrer dans la théorie du droit civil ; ce sont celles qui, sans offenser la nature, qu'on ne blesse jamais sans danger, se fondent sur les habitudes morales, sur les opinions invétérées, sur les convenances d'un pays et sur le rapport de toutes ces choses avec la forme du gouvernement. Quelque parti que prennent les loix, il est bien difficile qu'elles ne rencontrent pas des inconvéniens; c'est aux Législateurs à choisir celui où il s'en trouve le moins.

En accordant aux pères la faculté indéfinie de donner ou de tester, on peut craindre d'exposer leur cœur à s'écarter des affections de la nature pour suivre des sentimens déréglés de préférence ou de vanité; de faire de la maison paternelle un théâtre d'intrigues, de flatterie et de dissimulation, où chacun cherche à capter la faveur d'un despote, et à s'approprier la dépouille d'un frère; on peut craindre enfin de provoquer l'inégale distribution des richesses contre le but de la nature, qui a fait les enfans égaux, et contre celui des loix qui tendent toujours à l'égalité.

D'un autre côté, en refusant au père toute faculté de disposer, on le met dans une espéce d'interdit qui l'humilie et le décourage; on le réduit, pour ainsi dire, à l'état d'usufruitier des biens de ses enfans; on lui ôte des moyens salutaires pour les contenir dans le respect et l'obéissance auxquels il est si nécessaire d'accoutumer dans la jeunesse ceux qui doivent toute la vie obéir aux loix ; on le laisse dans l'impuissance de pourvoir aux besoins que les circonstances peuvent rendre fort dissemblables entre ses enfans ; on provoque la fraude des fidéicommis ; et en faisant ainsi du patrimoine du père une sorte de dette sur laquelle les enfans compteraient en toute assurance, on les expose à l'impatience immorale d'en jouir ; on relâche les liens de l'amour filial, fondé sur la reconnoissance, qui, s'il n'est pas le germe de toutes les vertus, en est au moins un sûr garant.

Si les loix avaient à choisir dans cette alternative, qui doute qu'elles devraient plutôt se tenir dans la route de la nature, qui a mis dans le cœur paternel une vive affection pour les enfans, que de se fier à des sentimens de retour de la part des enfans pour le père, qui ne sont qu'une habitude ou une moralité ? On aime ses enfans par la force d'un instinct naturel, on les aime comme une partie de soi-même. Un père insensible et barbare est une monstruosité de la nature. Les enfans aiment leur père par reconnaissance de son amour et du soin qu'il a pris d'eux dès leur naissance ; mais il n'est point rare de voir des enfans ingrats, parce que la reconnaissance est un sen-

timent raisonné des belles ames, et que l'in-
gratitude est un vice des cœurs corrompus;
c'est ce vice, cette corruption qu'il faut craindre, bien plus qu'il ne faut soupçonner la
dureté paternelle; aussi a - t - on observé que
dans les pays de puissance paternelle, où les
pères ont la disposition libre de leurs biens,
et ne peuvent jamais avoir de démêlé avec leurs
enfans, l'amour et le respect filial se sont
mieux conservés au milieu de nos mœurs cor-
rompues, que dans ceux où la loi a préservé
les enfans du danger des volontés du père, et
leur a donné des droits contre lui. Dans les
pays coutumiers les enfans ont souvent sujet
de plaider contre leur père, et il est assez fré-
quent d'y voir des pères injustes et dénaturés;
parce qu'ils entrevoyent dans leurs enfans des
ennemis à craindre, et que cela seul peut faire
effectivement d'un père un ennemi soupçon-
neux, tandis qu'ailleurs l'enfant qui ne peut
jamais devenir l'adversaire de son père, est
bien plus sûr de n'avoir en lui qu'un ami, et
de ne pas cesser d'être le sien.

Mais il ne s'agit pas de faire un choix entre
ces deux extrêmes; tout le monde paraît
d'accord qu'il convient de les tempérer par un
parti mitoyen, en donnant aux enfans un droit
de légitime; il est question seulement d'en
régler la mesure.

La légitime du droit romain, fixée au tiers quand il y a quatre enfans ou moins, et à moitié quand il y en a cinq et plus, a le double inconvénient d'être trop modique, puisqu'il en résulte que l'héritier préféré est souvent six à huit fois plus riche que le légitimaire; et d'être mal proportionnée, puisqu'elle donne plus à chaque légitimaire quand ils sont en grand nombre, que lorsqu'il y en a moins, ce qui est un défaut contraire à l'ordre naturel des choses.

Celle de la plûpart des pays coutumiers, réglée à moitié, a le premier inconvénient dont on vient de parler; dans plusieurs coutumes, les légitimaires ont l'option d'une certaine quotité des propres qui surpasse quelquefois la légitime.

Comme l'esprit de la nouvelle législation répugne autant à favoriser l'accumulation des richesses, que les anciennes loix de France tendaient à les concentrer dans un petit nombre de mains, je crois avec M. Tronchet que la légitime des enfans doit être fixée aux trois quarts de ce qu'ils auraient eu, si l'ascendant n'avait pas disposé par donation entre-vifs ou par testament.

De cette manière, les ascendans auront toujours en leur pouvoir un moyen de retenir

les enfans dans le respect et la déférence que
l'ordre social veut qu'ils ayent droit d'en attendre, ou d'adoucir le sort de ceux que des
malheurs, des facultés de corps et d'esprit
plus bornées, ou d'autres circonstances ren-
draient plus dignes de leurs égards ; et la faveur paternelle n'aura pas une assez grande
latitude pour se porter à l'injustice.

Mais je crois qu'il faudrait laisser aux ascendans, 1°. la faculté de donner aux filles leur
légitime en objets mobiliers au lieu de corps
héréditaires, en évaluant les fonds sur le pied
de leur produit au tems de l'ouverture de la
succession. 2°. Le droit de faire le partage
de leurs biens entre leurs enfans, de manière
que la plainte en lésion ne pût y être admise qu'autant que la lésion excéderait le
quart, et de manière aussi que, l'également
pût y être opéré avec des soultes mobiliaires
déterminées par l'ascendant à l'égard des objets dont la division ne peut se faire sans
inconvénient, tels que les maisons, jardins,
parcs, enclos et les droits ci-devant féodaux.
3°. La faculté de donner entre-vifs à leurs
enfans des immeubles réels qui ne seraient
point sujets de part et d'autre au rapport en
nature, mais seulement en valeur, suivant
l'estimation au tems de l'ouverture de la succession ,

cession , à moins qu'il n'y eût pas d'autres biens suffisans pour fournir aux frères leur légitime en propriété foncière ; et encore ce rapport en nature ne pourrait être exigé dans le cas où il devrait en résulter la licitation ou la division d'un immeuble de l'espèce de ceux dont je viens de parler.

L'avantage que la société retirerait de cette triple faculté des ascendans serait , d'un côté , de prévenir beaucoup d'occasions de procès trop fréquens dans les familles , et dont il est du bon ordre d'éviter que des frères donnent le funeste exemple aux citoyens ; et de l'autre , de faciliter l'établissement des filles qui , destinées à passer dans une famille étrangère, sont toujours pour des pères prévoyans , un sujet d'inquiétude et de doute sur le caractère et les procédés de leurs gendres. D'ailleurs , les partages et tous les arrangemens accessoires qui se font de confiance entre frères , et dont il est si à desirer que la concorde ne soit jamais bannie , ne sont pas également faciles avec des alliés chez qui il est plus rare que les sentimens d'affection balancent les calculs de l'intérêt.

Je crois aussi qu'il convient de donner aux ascendans la faculté de substituer pour un seul degré , c'est-à-dire , tous les enfans nés et à naître, et à leur défaut, les héritiers naturels de leurs enfans.

Cette faculté de substituer, qui ne pourrait être un sujet de vanité, et ne ressemblerait en rien à l'ancien usage des substitutions destinées à perpétuer la richesse d'une branche privilégiée de la famille, serait salutaire dans les cas trop fréquens où la dissipation, les vices, ou la faiblesse d'un fils ou d'un gendre font craindre aux ascendans qu'il ne tombe dans la pauvreté, et ne laisse après lui des enfans misérables.

Et comme une telle faculté de substitution n'est évidemment fondée que sur l'utilité de celui qui en sera grevé, et ne pourra être suspectée d'aucun motif immoral, il serait convenable d'établir que la distraction de légitime de la part du grevé ne sera que du quart de ce qu'il aurait eu comme légitimaire libre; car, la légitime de celui qui doit jouir de tout ce qu'il aurait eu naturellement à prétendre, et dont les enfans ne seront privés de rien, ne doit pas être la même que celle de l'enfant que le père aurait voulu priver de tout. Cette légitime du quart ne serait établie que pour ne pas mettre le grevé dans une impossibilité totale de se porter à des affaires qui exigent un capital disponible, ou pour ne pas le laisser dans la dure nécessité de manquer à ses créanciers.

Enfin, les causes d'exhérédation déterminées par l'ancien droit civil étant fondées presque toutes sur des motifs d'équité naturelle et d'ordre public, je pense qu'il faut les laisser subsister, et conserver aux ascendans la faculté d'exhéréder dans les cas prévus par les loix; en retranchant seulement celui de l'hérésie et celui où l'enfant se fait comédien, puisque la tolérance religieuse est devenue un point de la nouvelle législation, et que la profession du théâtre n'est plus frappée d'ignominie.

La légitime des ascendans, quand ils ont le malheur d'être les héritiers de ceux qui devaient leur survivre, me paraît devoir être décrétée et réglée de la même manière que celle des enfans, mais cependant avec deux différences dont le motif sera facilement senti: la première, que pour la supputation de cette légitime dans chaque ligne d'ascendant on ne fera point entrer les propres d'une autre ligne; et la seconde, qu'on imputera sur la légitime les biens qui auront été donnés par l'ascendant légitimaire, et dans lesquels il rentrera par droit de réversion en vertu de la réserve portée en l'acte de donation.

DEUXIÈME SECTION.

De ceux qui n'ont ni enfans ni ascendans.

Les motifs pour accorder ou pour refuser aux collatéraux la faculté de disposer de leurs biens à titre gratuit, ou pour renfermer cette faculté dans certaines limites, ne sont pas du même ordre que les raisons qu'on vient de considérer par rapport aux pères et aux enfans. Ceux-ci sont liés entre eux par des obligations qui tiennent à l'ordre de la nature auquel se mêlent dans l'ordre politique les idées de soins paternels, de piété filiale, de sagesse et de prévoyance de la part du père, de reconnaissance de la part des enfans, et de leur déférence salutaire envers ceux de qui ils ont reçu le bienfait de l'éducation plus précieux que la vie. Il est également juste et politique que les enfans succèdent à la propriété du père, que le père succède à celle de ses enfans, et que ce droit de succéder ne puisse ni être totalement violé, ni devenir un droit infaillible.

Il n'en est pas ainsi pour les collatéraux, leur succession aux biens de leurs parens, est moins une dette que la loi ait voulu acquitter, qu'un ordre facile qu'elle a établi pour transmettre une propriété qui ne pouvait ni rester vacante ni devenir commune, et qui, par une imitation de la ligne directe, devait plutôt passer aux membres de la famille du défunt, qu'à tout autre.

Mais quoique la loi doive aux individus privés de postérité, la consolation de songer qu'après eux leur fortune passera à leur famille : quoique l'ordre social s'accommode de ces rapports de parenté, de ces douces affections qui se lient à l'amour de la patrie, quoiqu'enfin ceux qui sont indigens doivent plus compter sur la bienfaisance de leurs proches, que sur celle des étrangers, il faut convenir que l'on ne doit rien à ses collatéraux ; et qu'ainsi la faculté de disposer de leur bien, doit être, à leur égard, considérée par la loi sous un aspect tout-à-fait différent que pour la ligne directe, et traitée sous des rapports purement politiques.

Je n'en vois guère d'autre que celui qui a trait à la concentration des richesses que les loix tendent à éviter, et dont au moins elles ne doivent pas se rendre complices ; car après avoir réglé l'ordre des successions naturelles des collatéraux, elles verraient avec indifférence les changemens que pour reté la mémoire de celui à qui un pareil zèle, qui n'est pas toujours exempt de vanité, aurait fait oublier l'affection pour ses proches, et de ne pas donner à sa famille un sujet de moins aimer la chose publique.

A l'égard des propres en général, je crois qu'il ne faut accorder la faculté d'en disposer par testament que jusqu'à concurrence de la moitié, réserver l'autre moitié à titre de légitime aux héritiers naturels, et statuer que parmi ces héritiers, les frères et sœurs, oncles et tantes, neveux et nièces, auront seuls le droit de légitime individuelle; mais que pour les parens plus éloignés, cette légitime ne sera qu'en masse, ensorte que le testateur pourra léguer la totalité de ses propres à celui de ses héritiers qu'il voudra.

Et quant aux propres de ligne, c'est-à-dire, les immeubles corporels dont la succession est déférée aux parens de la ligne d'où ces biens sont provenus, la légitime de moitié sera réservée distinctement à chaque ligne; savoir, individuellement aux héritiers dans les dégrés de parenté ci-dessus désignés, et en masse seulement aux cousins germains ou issus de germain, qui seront, comme je l'ai ci-devant proposé, les derniers parens pour lesquels on fera cette distinction de propres de ligne.

Enfin, j'estime qu'il faut laisser aux collatéraux et aux étrangers la faculté de substituer pour un premier dégré seulement, ainsi que je l'ai proposé à l'égard des ascendans, mais sans distraction de légitime en faveur de l'héritier ou du donataire, ou du légataire grévé. Les substitutions plus étendues ne peuvent être inspirées que par un sentiment de vanité ou de caprice ; puisque celui qui les fait ne connait pas ceux qu'il en gratifie, et que ceux qu'il y assujétit en second ordre lui étant également inconnus, il ne peut avoir aucun motif raisonnable de leur prescrire une telle loi, par laquelle il prétend changer l'ordre de succession pour des générations futures.

TROISIÈME SECTION.

De la faculté de disposer entre mari et femme.

Le mariage qui est un lien d'affection ne doit pas devenir un commerce d'intérêt, ni un sujet de séduction pour déplacer les fortunes, et les transporter d'une famille dans une autre. Ceux qui se marient peuvent, avant de s'engager dans ce nœud social, faire les conventions qu'il leur plait, ou que la prudence de leurs parens détermine pour eux quand ils sont dans l'âge d'incapacité pour les dispositions civiles de ce genre. Mais une fois qu'ils sont unis, les vues de fortune doivent disparaître devant les objets purement naturels ou moraux qui forment le but des mariages, et il convient à l'ordre politique que l'intrigue et la suggestion soient bannies de la société conjugale, que l'un des conjoints ne soit exposé, ni à l'empire intéressé de l'autre, ni au danger de perdre son affection en lui résistant.

Mais comme une prohibition trop sévère des avantages entre mari et femme peut introduire, ainsi qu'on l'a vu trop souvent, des recherches de fraude qui sont toujours une atteinte à la morale publique, il serait bon de laisser à cet égard une certaine latitude, en prenant seulement des précautions pour s'assurer que l'avantage qu'un des conjoints fera à l'autre, aura été un libre effet de sa volonté, et n'aura pas été le fruit de la séduction ou de la crainte.

Je propose pour cela de permettre à tout conjoint qui n'aura point d'enfans et qui sera en santé, de donner à l'autre, par acte entre-vif accepté, l'usufruit de la moitié de tous ses biens, prélèvement fait des dettes de toute espèce et des legs particuliers, avec faculté de révoquer ce don par testament ; je voudrais aussi que les héritiers eussent le droit de racheter cet usufruit par l'abandon de la propriété de moitié de l'objet de la donation.

De cette manière on sera assuré que le conjoint-donateur aura toujours agi en pleine connoissance de cause, et que s'il y a été porté par quelque motif de crainte ou de séduction, il pourra jusqu'à la mort anéantir librement un acte qui n'aura pas été tout-à-fait volontaire, ou le révoquer lorsque les circonstances l'en auront fait repentir.

Et en donnant aux héritiers la faculté de rachat, on mettra ceux qui seront dans le besoin en état de jouir aussitôt d'une augmentation dans leur fortune , sans attendre ni desirer la mort de l'usufruitier, ou de se dégager des embarras de cet usufruit s'il leur répugne d'avoir avec le survivant les rapports inévitables qui en résultent.

A l'égard des conjoints ayant des enfans de leur mariage , j'estime qu'il faut accorder à chacun des deux la faculté de léguer à l'autre l'usufruit de tout ce qui excédera la légitime des enfans , sans permettre à ceux-ci de racheter cet usufruit.

Il n'est guères à présumer qu'un père et une mère voudront s'avantager pour faire préjudice à leurs enfans ; il est bien plus probable que quand ils useront de cette faculté, ce ne sera que dans la vue de procurer au survivant un surcroit d'aisance que les enfans verront sans regret, et qui le mettra plus en état de leur continuer des soins d'affection. L'expérience a fait voir que les pères et les mères, dont les enfans ont exercé tous leurs droits dans la succession du prédécédé, et sont en possession de tous ses biens, qui ont été souvent le fruit de la collaboration commune, deviennent en quelque sorte étrangers à leurs enfans, et que ceux-ci le deviennent également à l'égard de leur père ou de leur mère ; tandis qu'il faudrait, au contraire, perpétuer des rapports de déférence entre des personnes dont la moralité importe si essentiellement à la société. Mais il serait juste que le conjoint survivant qui, ayant des enfans, passerait à de secondes noces, perdit alors son droit à cet usufruit.

QUATRIÈME SECTION.

Des incapables.

Les incapacités pour tester et pour donner, ou pour recevoir par donation ou par testament, ont été déterminées par les anciennes loix, sur des motifs de raison et d'equité qui doivent les laisser subsister, et seulement je crois qu'il faudrait statuer par une loi uniforme dans tout le royaume, qu'à l'âge de vingt ans accomplis on pourra disposer par testament de ses meubles et acquets, et qu'il faudra être majeur de vingt-cinq ans pour disposer de la moindre partie de ses propres.

Cinquième Section.

De la forme des testamens et de leur exécution.

La forme et l'exécution des testamens sont assujettis dans les diverses parties de la France à des règles différentes qui ne servent qu'à embarrasser la jurisprudence, et à multiplier les procès. On y connaît des testamens de plusieurs espèces; ici le nombre des témoins varie suivant que l'acte est clos ou ouvert; là il suffit que le testateur l'ait écrit, daté et signé de sa main; ailleurs il peut le faire écrire, pourvû qu'il le signe et qu'il fasse sur l'envelope cachetée un acte de suscription; dans quelques endroits il est nécessaire qu'il ait survécu un certain tems à cet acte que la coutume n'a pas crû devoir confier aux derniers momens de la vie de l'homme : dans d'autres, il est de nécessité qu'on institue héritiers tous ceux qui ont droit de légitime, et l'institution d'héritier ainsi que les legs saisissent de plein droit ; tandis qu'ailleurs cette institution n'est point nécessaire, et les legs universels ou particuliers ne peuvent avoir leur effet que par la délivrance obtenue de l'héritier naturel, ou ordonnée en justice.

Cette bizarre variété sur un point de droit aussi simple en lui-même, a été la cause d'une infinité de contestations qui se sont sur-tout fort compliquées lorsque l'assiette des biens dans plusieurs pays régis par des coutumes différentes, a fait naître des débats sur la sorte d'empire que ces coutumes peuvent exercer dans leur territoire ou au dehors.

On sent les avantages qui résulteraient d'une règle uniforme pour tout le royaume, et après avoir balancé toutes les raisons qui peuvent déterminer un choix, il m'a semblé que l'Assemblée nationale pourrait décréter :

1º. Qu'en France les testamens ne pourront être faits qu'olographes, ou devant deux notaires, ou devant un notaire et deux témoins, ou devant le curé ou desservant de la paroisse du testateur et deux témoins, ou enfin à l'armée, dans la forme prescrite par l'ordonnance de 1735.

2°. Qu'il sera nécessaire pour la validité des testamens qu'il y soit fait mention de tous ceux qui auront droit de légitime en ligne directe.

3°. Que les dispositions testamentaires, soit universelles, soit de corps certains, saisiront de plein droit sans que les légataires ayent besoin d'obtenir la délivrance ; et que les legs de sommes d'argent, ou de rentes et pensions, produiront de plein droit contre les héritiers naturels ou institués, l'obligation de les acquitter, le tout, sauf aux héritiers naturels à se pourvoir, par les voies de droit, pour faire annuller ou réduire les dispositions, s'il y a lieu.

4°. Qu'il n'y aura plus d'incompatibilité entre les qualités de légataire ou de donataire, pourvû que la légitime de ceux qui en ont droit ne soit point entamée.

5°. Enfin, que les légataires universels et les légataires de corps certains auront droit d'assister, à leurs fraix, à l'inventaire des biens du défunt.

Les motifs qui me déterminent à proposer

cette loi sont, 1°. Que la forme du testament olographe est celle qui peut le mieux indiquer la volonté libre et permanente du testateur, puisqu'en supposant qu'il ait été séduit, il a toujours la faculté de révoquer ou de changer son testament par la même voie, et que s'il ne le fait pas, c'est qu'il persiste dans la volonté qui le porte sciemment à tracer lui-même ses dispositions.

2°. Que celui qui a des enfans ou des ascendans pourrait être soupçonné de l'avoir ignoré ou suspecté de désordre dans ses idées ou dans ses affections, si dans un acte de cette nature il ne parlait pas des personnes qui doivent lui être si chères.

3°. Que la forme de délivrance de legs introduite dans les pays coutumiers est une vaine formalité, puisque la délivrance peut être contrainte par la justice, et qu'il en résulte des occasions de chicane qui ne servent qu'à troubler la paix entre les citoyens, et à les mettre, sans aucun intérêt réel, dans la nécessité de plaider.

4°. Que l'incompatibilité de qualités n'est fondée sur aucun motif raisonnable, et n'est qu'une subtilité de droit; puisque pourvû que le donataire ou légataire n'ait pas, y compris sa portion héréditaire, plus que ce que le défunt a pu lui laisser, personne n'a sujet de se plaindre ; que l'égalité de partage une fois décrétée dans les successions *ab intestat*, il est indifférent à la loi que le défunt ait usé de manière ou d'autre de la faculté qu'elle lui a donnée de disposer de son bien jusqu'à une certaine mesure ; et qu'enfin celui qui donnera ou léguera à l'un de ses héritiers présomptifs, sachant bien que cet héritier aura droit de partager encore dans le surplus, pourra s'arranger en conséquence.

5o. Et qu'il n'est pas juste que celui qui a souvent le plus grand intérêt à la fidélité de l'inventaire des biens et des papiers d'une succession, et à prévenir les soustractions qu'on pourrait y faire, soit privé du droit d'y veiller ; tandis que la faction de cet acte conservatoire serait livrée à ceux qui, n'y ayant aucun intérêt véritable, voyent toujours avec chagrin la nécessité où ils seront de livrer la chose au légataire.

Telles sont les réflexions que j'ai cru devoir mettre au jour, et soumettre à la sagesse de l'Assemblée Nationale, elle jugera ce qu'il convient d'en adopter pour l'intérêt civil des citoyens, à qui elle a déjà préparé par la constitution les avantages de la liberté politique.

D

Voici le projet de décret tel qu'il m'a semblé qu'il devrait être rédigé si la législature admettait ce que je propose.

A Paris, ce 8 Juin 1791.

GARNIER DESCHESNES.

PROJET DE DÉCRET.

TITRE PREMIER.

De la succession des Propres.

ARTICLE PREMIER.

Les plus proches parens d'un défunt succéderont par égales portions à ses meubles
et acquêts et aux propres de la ligne de
leur parenté commune.

ART. II.

En ligne directe, la représentation aura
lieu à l'infini. En ligne collatérale, elle aura
lieu seulement pour les enfans des frères
ou sœurs décédés, lorsqu'il y aura des frères
ou sœurs survivans au défunt; les repré-
sentans dans l'une et l'autre ligne prendront,
par souches, la portion qu'aurait eu le prédécédé qu'ils représenteront, et la partage-
ront également entre eux.

A r t. I I I.

Dans toute l'étendue du royaume on donnera la dénomination de propre en général
aux immeubles réels, à leurs accessoires,
tenant nature d'immeubles, suivant le tit. 3
de la coutume de Paris; aux rentes perpé-
tuelles et foncières et aux droits ci-devant
féodaux, tant fixes que casuels, lorsque
toutes ces espèces de biens auront appar-
tenu au défunt en qualité d'héritier, douai-
rier, donataire ou légataire d'un de ses
parens.

A r t. I V.

Il n'y aura de propres de ligne que les
immeubles corporels avec leurs accessoires
de nature immobiliaire, qui appartenaient
au défunt comme les ayant eu à titre de
succession, douaire, donation ou legs d'un
de ses parens; et les droits ci-devant féodaux, fixes ou casuels, seront réputés immeubles corporels lorsqu'ils seront attachés
à une propriété foncière.

A r t. V.

Les immeubles corporels, rentes foncières

et droits féodaux que le défunt aura eus
par échange contre des propres de telle
nature que ce soit, auront dans sa succession la même qualité de propres qu'auraient
eu les biens échangés, et ceux qu'il aura eus
en vertu d'une faculté de reméré ou de re-
trait qui lui appartenait, soit à titre de propre, soit comme l'ayant lui-même stipulée
pour un propre, auront également la même
qualité dans sa succession.

Art. VI.

Les plus proches parens d'un défunt, du
côté et ligne dont seront provenus les immeubles mentionnés en l'art. 4 ci-dessus,
y succéderont seuls à l'exclusion des autres
héritiers plus prochains qui ne seraient pas
de cette ligne : pourvû, toutefois, que ces
parens soient au moins au degré de cousin
issu de germain, et qu'eux et le défunt soient
descendus du même propriétaire originaire
desdits immeubles.

TITRE II.

De la faculté de disposer.

PREMIÈRE SECTION.

De ceux qui ont des enfans.

ARTICLE PREMIER.

TOUTE personne, laissant des enfans et descendans, ne pourra disposer de ses biens par donation entre-vifs ou à cause de mort, que jusqu'à concurrence du quart : les trois quarts restans demeurant réservés à titre de légitime héréditaire à tous lesdits enfans et descendans.

ART. II.

La légitime sera supputée d'après la valeur qu'auront au jour de l'ouverture de la succession, les biens qui s'y trouveront ou qui auront été précédemment donnés par l'ascendant, prélèvement fait des dettes de toute nature comme par le passé.

ART. III.

La légitime devra être fournie en corps héréditaires; et néanmoins les ascendans auront la faculté de la déterminer en argent ou en objets mobiliers pour les filles et descendans des filles, en évaluant les maisons et les usines sur le pied du denier vingt; et les autres biens-fonds et rentes, en grains et denrées, ainsi que les droits ci-devant féodaux sur le pied du denier vingt-cinq de leur produit, année commune. Et cette mesure d'évaluation suivra les variations du taux légal de l'intérêt de l'argent, sans cependant qu'elle puisse jamais être moindre que celle ci-dessus.

ART. IV.

Les ascendans pourront, par acte entre-vifs ou testamentaire, faire entre leurs enfans et descendans le partage de leurs biens, et y opérer les égalemens par des soultes mobiliaires; ce partage ne pourra être rescindé pour cause de lésion que dans le cas où elle excéderait le quart; et l'enfant qui,

au lieu de la soulte à lui attribuée , deman-
derait des immeubles , ne pourra y être
admis si sa demande tend à liciter ou partager une maison , un château , un jardin ,
un parc , un enclos , des droits ci-devant
féodaux ou autres biens dont la division ne
pourrait se faire sans inconvénient.

ART. V.

Les immeubles corporels ou droits ci-
devant féodaux que l'ascendant aura vendus,
donnés ou légués à l'un de ses enfans et
descendans , ne seront point rapportables
en nature ; le donataire, légataire ou acqué-
reur devra seulement en imputer la valeur
sur sa portion héréditaire d'après leur estimation au jour de l'ouverture de la succession, et déduction faite des impenses et
améliorations pour ce qui aura augmenté
la valeur de l'héritage. Néanmoins le rapport en nature pourra être exigé par les
frères et descendans des frères seulement,
dans le cas où il n'y aurait pas dans la succession d'autres immeubles , suffisans pour
leur fournir leur légitime ; mais dans ce cas

même, le rapport en nature ne pourra être demandé s'il devait en résulter la licitation ou la division d'un immeuble de la nature de ceux mentionnés en l'art. 4 ci-dessus.

ART. VI.

Les ascendans auront la faculté de grever leurs héritiers directs de substitution envers leurs enfans, nés et à naître, conjointement et également sans distinction de sexe ni d'aînesse, et à défaut d'enfant du grevé, envers ses héritiers naturels, sans que la substitution puisse s'étendre au-delà de ce premier degré.

ART. VII.

Dans ce cas de substitution, la légitime dont la distraction pourra être demandée par le grevé, ne sera que du quart de ce qu'il aurait eu comme légitimaire libre.

ART. VIII.

Les ascendans ne pourront exhéréder leurs enfans et descendans pour cause de changement de religion ou de culte, ni sous prétexte d'adoption d'une profession quel-

conque : toutes les autres causes d'exhérédation subsisteront comme par le passé.

DEUXIÈME SECTION.

*De ceux qui n'ont point d'enfans et qui
laissent des ascendans.*

Article premier.

Toute personne n'ayant point d'enfans
au jour de son décès, mais laissant après
elle des ascendans, ne pourra disposer de
ses biens par donation entre-vifs, ou à cause
de mort, que jusqu'à concurrence du quart:
les trois quarts restant demeurant réservés
à titre de légitime héréditaire aux ascendans,
conjointement et par portions viriles, s'ils
sont en égal degré, et par souches s'ils sont
en degré inégal; et dans chaque souche, les
plus proches exclûront les plus éloignés.

Art. II.

On ne fera point entrer dans la supputation de légitime d'une ligne d'ascendans

les immeubles réels ou fictifs que l'enfant décédé avait recueilli à titre gratuit de ses parens d'une autre ligne ; chaque ascendant n'aura droit que de ce qui était provenu de la sienne , et les dettes seront prélevées sur le total de l'hérédité.

ART. III.

Les biens de toute nature qui auront été donnés au défunt par les ascendans qui lui survivront , et dans lesquels ils rentreront par droit de réversion en vertu de la réserve portée en l'acte de donation , leur seront imputés sur la légitime.

TROISIEME SECTION.

De ceux qui n'ont ni enfans ni ascendans.

ARTICLE PREMIER.

TOUTE personne n'ayant ni enfans ni as-cendans qui lui survivent, pourra, lorsqu'elle aura l'âge et la capacité requis par les loix générales du royaume, disposer de la tota-lité de ses biens par donation entre-vifs , et disposer par testament de tous ses meubles et acquêts ; le tout à personne capable et sans fraude.

ART. II.

Celui qui se marie , ou qui a obtenu le bénéfice d'âge entériné en justice , peut , ayant l'âge de vingt ans accomplis , disposer de tous ses meubles par donation entre-vifs.

ART. III.

Il faut avoir l'âge de vingt ans accomplis pour pouvoir disposer par testament de ses meubles et acquêts.

ART. IV.

Pour pouvoir disposer de ses propres par acte entre-vifs, ou à cause de mort, il faut avoir l'âge de majorité de vingt-cinq ans.

ART. V.

Les dispositions testamentaires faites au profit des établissemens publics , ou celles

faites pour même cause par des actes entre-vifs, qui ne contiendront pas tradition
réelle et actuelle, ne pourront excéder la
moitié des biens du Testateur ou Donateur,
de quelque nature qu'ils soient ; et si elles
excèdent, elles seront réductibles au profit
de ses héritiers naturels.

A r t. V I.

Nul ne pourra, par testament, disposer
que de la moitié de ses propres : l'autre
moitié demeurant réservée à ses héritiers
naturels, à titre de légitime héréditaire, les
dettes préalablement déduites sur le total de
l'hérédité.

A r t. V I I.

La légitime réservée aux héritiers collatéraux leur appartiendra par portions viriles
lorsqu'ils seront frères ou sœurs, oncles ou
tantes, neveux ou nièces du défunt ; et s'ils
sont en dégré de parenté plus éloigné, ladite
légitime n'appartiendra qu'en masse aux
héritiers ; en telle sorte que le Testateur

pourra disposer de la totalité de ses propres
au profit de celui d'entre eux qu'il jugera à
propos.

Art. VIII.

Celui qui laissera des héritiers de diverses
lignes, ne pourra disposer, par testament,
que de la moitié de ses propres de ligne,
soit au profit d'étrangers, soit au profit de
ses héritiers d'une ligne différente : l'autre
moitié demeurant réservée à la ligne, dont
ces propres seront provenus, et cette légitime sera ou individuelle, ou seulement en
masse, suivant la détermination des dégrés
de parenté, portée en l'art. VII ci-dessus.

Art. IX.

Nul ne pourra, par acte entre-vifs, ou à
cause de mort, établir de substitution qui
s'étende au-delà du premier dégré, en sorte
que toute substitution demeurera éteinte,
lorsqu'elle aura été recueillie une fois par
un ou plusieurs appellés.

Art. X.

Les substitutions et les legs, soit universels, soit particulières, ne seront sujets,

dans tout le royaume , à aucune détraction ,
si ce n'est celle des légitimes , telles qu'elles
sont réglées par le présent Décret.

A r t. X I.

Les loix du royaume concernant l'incapacité personnelle , pour donner , léguer ou
recevoir par donation ou testament , continueront d'être observées comme par le passé ,
en tout ce qui n'y est point changé par ces
présentes.

QUATRIÈME SECTION.

Des Conjoints par mariage.

'ARTICLE PREMIER.

LES futurs conjoints pourront , par leur
contrat de mariage , se faire l'un à l'autre
donation de tout ou partie de leurs biens
présens ou à venir ; mais s'ils sont mineurs
de vingt-cinq ans, cette donation ne pourra
comprendre aucuns immeubles réels ou
fictifs , si ce n'est les acquêts et conquêts
futurs , qui ne seraient point le remplace-

ment des immeubles réels ou fictifs qu'ils avaient en se mariant.

Aʀᴛ. II.

Les donations faites dans les contrats de mariage par l'un des conjoints à l'autre, ne seront sujettes à aucun retranchement pour la légitime des enfans à naître de leur mariage, ou légitimés par icelui, en ce qui concernera les biens qui seront acquis postérieurement ; mais ce retranchement aura lieu sur tous les biens qui appartenaient aux conjoints au tems de leur mariage, ou qui leur seront échus depuis par succession, donation ou legs de leurs parens, ou à titre de douaire, les dettes préalablement déduites sur le total de l'hérédité.

Aʀᴛ. III.

Le conjoint ne laissant point d'enfans, pourra, pendant son mariage, donner à l'autre l'usufruit de la moitié de tous ses biens de quelque nature qu'ils soient ; et s'il a des enfans de son mariage actuel, il ne pourra donner à l'autre que l'usufruit du

quart

quart desdits biens; le tout, pourvu que la donation soit faite en santé par acte entre-vifs, accepté du donataire.

Art. IV.

Le conjoint-donateur aura jusqu'à son décès la faculté de révoquer ladite donation par acte testamentaire fait dans la forme ci-après réglée pour les testamens.

Art. V.

Les héritiers collatéraux du conjoint-donateur auront, en tout tems, la faculté de racheter cet usufruit, en abandonnant au donataire la pleine propriété de moitié de l'objet de la donation.

Art. VI.

Pour la fixation de la moitié ou du quart dudit usufruit, les dettes de toute nature de la succession du défunt, y compris les reprises et créances légales ou conventionnelles du donataire de telle nature qu'elles soient, seront prélevées sur le total de l'hérédité.

A r t.   V I I.

Le conjoint ayant des enfans de son mariage avec le donateur dudit usufruit , per-
dra son droit à ladite donation , à compter
du jour qu'il passera à de secondes noces.

A r t.   V I I I.

L'édit de François I , concernant les secondes noces , continuera d'être observé dans
tout le royaume ; toutes autres prohibitions
résultantes des coutumes de France sont et
demeurent abrogées.

A r t.   I X.

Les ordonnances du royaume sur la forme et la nature des donations entre-vifs ,
sur leur insinuation et sur leur révocation
en cas de survenance d'enfans , ou à cause
de la légitime en ligne directe , continueront
d'être observées en tout ce qui n'y est pas
dérogé par le présent décret, et leurs dispositions sur la légitime seront étendues à la
légitime des ascendans.

CINQUIÈME SECTION.

De la forme des Testamens, et de leur exécution.

ARTICLE PREMIER.

Il n'y aura à l'avenir dans le royaume que deux formes de testamens ou codiciles ; savoir, celle des testamens olographes, lesquels devront être entièrement écrits, datés et signés par le testateur, et celle des testamens faits devant deux notaires, ou un notaire et deux témoins, ou le curé ou desservant de la paroisse du testateur et deux témoins, ou à l'armée, devant les officiers désignés par l'ordonnance de 1735, et il ne sera point nécessaire, pour la validité des actes à cause de mort, que le testateur ait survécu un tems déterminé.

ART. II.

Ceux qui laisseront des héritiers en ligne directe, soit descendante, soit ascendante, ou des enfans posthumes, seront tenus de faire mention, dans leur testament, de leurs

enfans ou ascendans, et de les instituer héritiers ou légataires pour une somme ou
une quotité quelconques, à titre de légitime;
faute de quoi les dispositions universelles
portées en leur testament ou codicile, seront
nulles et de nul effet, et les héritiers ayant
droit de légitime, pourront même, pour
cette cause de prétérition, se pourvoir pour
faire annuler ou réduire, s'il y a lieu, les
legs particuliers qui seraient jugés excessifs.

Art. III.

Tout héritier institué, tout légataire uni-
versel et tout légataire particulier de corps
certains, sera saisi de plein droit des biens
et objets compris dans la disposition du
testateur, à compter du jour de son décès,
sans qu'il soit besoin qu'il en demande ni
obtienne la délivrance de l'héritier naturel;
et les legs de sommes d'argent, rentes ou
pensions, produiront, de plein droit, contre
les héritiers ou légataires universels, l'obligation de les payer, à compter du même
jour, quant aux pensions et rentes, ainsi que
les intérêts des sommes d'argent à une fois
payer, à compter du jour de la demande en

justice ; mais la mise en possession des biens, et le payement des sommes d'argent ou des arrérages de rentes et pensions, devront être différés jusqu'au tems accordé aux héritiers par les loix du royaume, pour prendre qualité, c'est-à-dire, trois mois pour faire inventaire, et quarante jours pour délibérer; le tout, sauf aux héritiers naturels à se pourvoir par les voies de droit, s'il y a lieu, contre les testamens et codiciles, et contre les dispositions qui y seront contenues.

A r t. I V.

Les légataires universels et les légataires de corps certains auront le droit d'assister à leurs fraix à l'inventaire des biens du défunt; et dans le cas où ses dispositions testamentaires seront connues avant que l'inventaire soit commencé, les héritiers naturels ne pourront y procéder sans y avoir appellé valablement les légataires, et avoir pris défaut contre eux en cas qu'ils ne se présentent pas ; ce qui sera observé aussi dans le cours de l'inventaire, si les dispositions testamentaires ne sont connues qu'après qu'il aura été commencé.

ART. V.

Il n'y aura plus d'incompatibilité entre les qualités d'héritier, de donataire et de légataire, soit en directe, soit en collatérale; tout légataire ou donataire pourra prendre part, comme héritier, aux biens restans de la succession du défunt, pourvû que la légitime des cohéritiers ne soit point entamée, et en imputant, savoir, en ligne directe, les objets à lui donnés ou légués; et en collatérale, les objets légués seulement, sur ce qui lui reviendra dans la masse, excédant les légitimes, les dettes de toute nature préalablement déduites sur le total de l'hérédité.

ART. VI.

Toutes les loix et ordonnances du Royaume, coutumes et autres dispositions légales ou de jurisprudence, contraires à ces présentes, demeurent abrogées; mais elles subsisteront comme par le passé, et jusqu'à abrogation expresse, en tout ce qui n'y est point dérogé par ce décret.